Alain Erlande-Brandenburg

D1723646

Die Abtei von Cluny

Aus dem Französischen
von Hannelore und Herbert R. Ganslandt

Fotos : Hervé Boulé
       Nicolas Fediaevsky

ÉDITIONS OUEST-FRANCE / CNMHS
13 rue du Breil, Rennes

Auf dem Boden von Cluny befindet sich eines der großen Denkmäler der Geschichte des Westens. Es scheint heute abseits vom Leben zu liegen, auch wenn der TGV, der Cluny im Osten berührt, dem Touristen deutlich macht, daß die moderne Zeit hier ebenso lärmend wie unerwartet Einzug genommen hat. Zu Beginn der christlichen Zeit muß die Landschaft noch abweisend gewirkt haben. Und dies, obwohl die Berge auf beiden Seiten der Grosne sanftere Formen annehmen, sobald das Tal sich geweitet hat: im Osten die Hänge von Saint-Mayeul und Fouëttin, die allmählich flacher werden, sowie die bewaldeten Gipfel des Maconnais und im Westen der Charolais. Die Landschaft war bereits in römischer Zeit besiedelt, scheint jedoch gegen Ende des 10. Jahrhunderts, als Bernon sich hier niederließ, verlassen gewesen zu sein. Nichts ließ darauf schließen, daß dem Beginnen des Abtes ein Erfolg beschieden sein sollte, der schließlich den Westen erschütterte.

Die Cluniazensische Reform

Das karolingische Zeitalter war durch Erneuerungswillen gekennzeichnet. Karl der Große sah sein Reich in der Nachfolge Roms und wünschte sich eine Kirche, würdig der, die Konstantin hatte errichten lassen wollen. Auf die große Bewegung der irischen Mönche war der Niedergang gefolgt. Für Karl den Großen sollten die Klöster nicht lediglich Stätten des Gebetes, sondern auch solche des Studiums und der Gelehrsamkeit sein und überdies noch Zentren hoher landwirtschaftlicher Produktion, um den Lebensunterhalt der Klosterinsassen zu sichern.

Dieses zunächst politische Ziel weitete Benedikt von Aniane auf den religiösen Bereich aus. Nach einigem Zögern hatte er die Ordensregeln seines entfernten Namensvetters Benedikt von Nursie († gegen 547) auch für das von ihm auf Familiengrund in Aniane bei Montpellier gegründete Kloster übernommen. Der Erfolg war so groß, daß Ludwig der Fromme die Einheit der Observanz für alle Klöster einzuführen beschloß. Auf der Synode von Aachen im Jahre 819 wurde die Ordensregel beraten, und Benedikt verfaßte ein Kapitular, das in 75 Kapiteln das Klosterleben regelte. Wenig später wurden auch die Rechte festgesetzt.

Der Niedergang des Karolingerreiches in Zusammenhang mit den unaufhörlichen Normanneneinfällen erklärt das durch den vorzeitigen Tod Benedikts (821) noch beschleunigte Scheitern der Reform. Jedoch war es ihm gelungen, allen Klöstern eine nicht mehr in Frage gestellte Regel aufzuerlegen.

Die Ursprünge von Cluny

Ein Jahrhundert später sollte sich Cluny, das dieser Richtung folgte, an die Spitze der Entwicklung setzen. Es galt den Übergriffen der Weltlichen zu begegnen, denen es gelungen war, die Herrschaft in den Klöstern an sich zuziehen. Sie ernannten die — meist weltlichen Äbte, die sich ihren eigenen Interessen stärker verbunden fühlten als denen der Kirche. Das Leben der Ordensgemeinschaften richtete sich nicht mehr nach den Ordensregeln. Gegen diesen Niedergang manifestierte sich mit Beginn des 10. Jahrhunderts Widerstand.

In Burgund wurde dieser Widerstand bald zu einer unbezwingbaren Kraft. Sie verdankte sich zwei Männern. Ein Laie und ein Geistlicher verbanden ihre Bemühungen, um ein dem Gemeinen Recht entzogenes Kloster zu gründen. Wilhelm der Fromme, Herzog von Aquitanien und Graf der Auvergne gründete in Cluny, das ihm gehörte, dieses Kloster, das sich gleichzeitig der weltlichen Macht wie dem Einfluß der Bischöfe entzog und unmittelbar dem Papst unterstellt war (Exemption). In die Leitung berief er Abt Berno, einen Mönch von Saint-Martin d'Autun, der schon Beaume-les-Messiers im Jura erneuert hatte. Bei seinem

---

Die Südapsis des kleinen Querhauses zeigt das charakteristische Nebeneinander verschiedener Mauerungstechniken: kleine horizontal verlaufende Mauerung mit Bruchstein und kunstvolle Zurichtung der Dienste, die schöne Kapitelle tragen.

Auf den folgenden Seiten :
Das von Geugnon 1855 nach der Zerstörung des 19. Jahrh. verfertigte Modell erlaubt es, Ausmaß und Schönheit der übereinander gestaffelten Baukörper zu erfassen, die in der Reihe der Türme enden.

Tode verteilte er, dem Brauch der Zeit folgend, die von ihm geführten zahlreichen Klöster unter seine Erben. Cluny, Déols und Massay im Berry fielen an seinen geliebten Schüler Odo (927).

Mit der ganzen Kraft seines glühenden Glaubens prägte Odo (927-942) die zukünftige Entwicklung der Abtei und verknüpfte sie gleichzeitig eng mit der Politik Westeuropas aufgrund freundschaftlicher Beziehungen zum königlichen Hause Burgunds, später auch zum Reich, sowie dank beständiger Unterstützung durch Rom.

Im Jahre 931 wurde Odo vom päpstlichen Souverän autorisiert, alle Klöster, deren Reform er unternähme, seiner Leitung zu unterstellen. Er gelang ihm auch, die Unterstützung der Bischöfe und der Feudalherren in Burgund, in Aquitanien und in Francia zu gewinnen. Das cluniazensische Reich war gegründet.

Unter seinem Nachfolger Aymard (943-948) rundete sich der Besitz der Abtei durch 278 Schenkungen ab. Der Abt Mayeul (948-994) erlangte dank seiner glänzenden Beziehungen eine Stellung auf internationaler Ebene. Er vermittelte in der Familie der Ottonischen Kaiser, reformierte zahlreiche Klöster in Italien und berief Wilhelm von Volpiano, der in Burgund und dann auch in der Normandie eine hervorragende Rolle spielen sollte. Abt Odilo (994-1049) genoß wegen seiner Barmherzigkeit europäisches Ansehen.

Es war dem Abt Hugo (1049-1109) — dank einer sich über 60 Jahre erstreckenden Regierung — vorbehalten, Cluny zum Gipfel seiner Blüte zu führen. Als Diplomat von hohem Rang gelang es ihm, sich die Freundschaft sowohl der französischen wie der englischen Könige zu bewahren und gleichzeitig den Kaisern — Heinrich III. und später Heinrich IV. — verbunden zu bleiben. Hugo gründete und reformierte in Frankreich zahlreiche Abteien und dehnte den Einfluß Clunys über die Grenzen des Landes aus.

In Italien betraf dies insbesondere die Lombardei. In England nimmt mit Saint Pankrace in Lewes eine Ordensprovinz Gestalt an. Vor allem Spanien war Gegenstand seiner Aufmerksamkeit. Damit führte er die Aktivität Odilos fort, der es Palästina als Missionsgebiet vorgezogen hatte. Mit Hilfe der Freundschaft des Königs von Kastilien, Alphons VI., unternahm er die religiöse « Riconquista » des Landes. Auf Seiten Roms wurden die Beziehungen noch vertrauensvoller, nachdem zwei cluniazensische Mönche, Urban II. (1088-1099) und Paschalis II. (1099-1108) den Stuhl Petri bestiegen hatten. Das verschaffte Cluny zahlreiche Vorteile, wie die Bestätigung alter Privilegien.

Um die Größe Clunys auch nach außen sichtbar zu machen, unternahm Abt Hugo den Umbau des Klosters und den Neubau der Kirche. Bei seinem Tode zählte der Orden 1184 Häuser, davon 883 in Frankreich.

Die cluniazensische Ordensregel

Trotz des politischen Erfolges, war das Ziel der cluniazensischen Reform in erster Hinsicht religiöser Natur. Cluny stand in unmittelbarer Nachfolge der durch Benedikt von Aniane ausgelösten Bewegung und kehrte zur Praxis der von ihm aufgestellten Ordensregel zurück. In ihr lag die Stärke Clunys und der Cluny verbundenen Klöster.

Für die Benediktiner ist die Liturgie Heiligung und steht damit an erster Stelle der Ordensregeln. Das private Gebet bleibt dem Einzelnen überlassen, während das gemeinschaftliche Gebet bis in Einzelheiten hinein geregelt ist. Der Gottesdienst wird zur einzigen Beschäftigung der Mönche. Odo und seine Nachfolger entwickelten die liturgische Zelebration noch durch eine Vielfalt von Zeremonien fort. Der von einem Priester mit Unterstützung des Diakons und des Unterdiakons zelebrierten großen Messe hatte die niedere oder Frühmesse vorauszugehen. Jeder Mönch war verpflichtet, in jeder Woche eine Messe zu lesen.

Eine Besonderheit des Ordens war die Verpflichtung zum Stundengebet, das schließlich den größeren Teil des Tages einnahm. Dabei mußten die Stunden gesungen und nicht nur rezitiert werden. Odo ließ dem Gesang der 138 Psalmen während des regelmäßigen Tages- und Nachtgottesdienstes ganz besondere Aufmerksamkeit widmen. Eine weitere Besonderheit Clunys ist die große Bedeutung der Heiligenverehrung. Ihre Festtage waren dem jeweils erforderlichen Pomp entsprechend in sechs Klassen eingeteilt. Auch, und dies lange vor Cîteaux, wurde die Muttergottes mit besonderer Verehrung ausgezeichnet, gewöhnlich in einer ihr geweihten Kirche.

Der Glanz der verschiedenen Zeremonien

wurde durch die Schönheit der liturgischen Gewänder, die Kostbarkeit der Kultgegenstände und die Zahl der Mönche (200 bis 300) noch erhöht.

Die ungewöhnlich lange Dauer der Zeremonien hatte ihr Gegengewicht in einer minutiösen Reglementierung der unterschiedlichen Mahlzeiten. Eine Folge dieses Gebetslebens war die Verringerung der körperlichen Arbeit, die nur noch einige Tätigkeiten im Inneren des Klosters betrafen. Der Boden wurde weltlichen Pächtern überlassen, die den Unterhalt und den Reichtum des Klosters gewährleisteten. Die dadurch frei gewordene Zeit konnte geistigen Aktivitäten gewidmet werden: Lektüre sowie Glaubensunterweisung durch die großen in Stein gehauenen oder gemalten Konzepte.

Die ungewöhnliche Verbreitung der cluniazensischen Reform und ihr dauerhafter Erfolg erklären sich auch durch die unvergleichliche Chance der entstehenden Abtei, daß an ihrer Spitze fünf Männer standen, die gleichzeitig Diener Gottes, Apostel klösterlicher Reform und Herrscherpersönlichkeiten waren. Eine weitere Ursache für den Erfolg war das Feudalprinzip, das Cluny nicht nur die Stellung eines Mutterhauses zuerkannte, sondern auch die eines Lehnsherrn; Cluny kontrolliert alle von den Töchtern Clunys gegründeten Klöster.

Die Geschichte des Klosters

Cluny I und Cluny II

Der von Wilhelm von Aquitanien für die zu gründende Abtei gewählte Platz war nicht unberührt, in karolingischer Zeit befand sich dort ein Landgut. Vor der Stiftung hatte Wilhelm der Fromme daraus einen Jagdsitz gemacht. Die unter den Schutz der Apostel Petrus und Paulus gestellte Neugründung übernahm das bestehende Gebäude, das rasch hergerichtet und erweitert wurde.

Abt Berno begann den Bau einer Kirche (Cluny I). Abt Odo, sein Nachfolger, vollendete den Bau, bevor die Kirche im Jahre 967 durch den Bischof von Macon geweiht wurde.

Angesichts der wachsenden Bedeutung Clunys, erwies sie sich bald schon als zu klein. Daher mußte an einen Neubau gedacht werden, den Abt Maycul errichten ließ. Der Bau wurde im Jahre 981 (Cluny II) fertiggestellt. Heute existiert das Gebäude nicht mehr. Wie es ausgesehen haben mag, läßt sich anhand einer Beschreibung aus dem Jahre 1623, eines Stiches vom Ende des 17. Jahrhunderts, eines Plans aus dem Ende des 18. Jahrhunderts und schließlich dank der von K.J. Conant vorgenommenen Grabungen ungefähr rekonstruieren. Allerdings bleiben einige offene Fragen. Das dem Apostel Petrus geweihte Gebäude stand dort, wo sich im 18. Jahrhundert die nördliche Hälfte des Klosters befand. Es endete in einer von zwei Nebenapsiden eingefaßten Apsis ohne Chorumgang, der im Westen zwei Türme vorgestellt waren. Das Schiff ist im Zuge der Erweiterung der Abtei nach Norden, d.h. in Richtung der neuen Kirche (Cluny III) im Jahre 1121 abgetragen worden.

Abt Odilo unternahm den Umbau der Abteigebäude. Er hinterließ und rühmte sich dessen, einen Kreuzgang aus Marmor, wo er einen aus Holz vorgefunden hatte. Aus dem Süden hatte er auf dem Schiffsweg über die Durance und die Rhone Marmorsäulen herbeischaffen lassen, die aller Wahrscheinlichkeit nach aus antiken Monumenten herausgebrochen waren. Die Klostergebäude gruppierten sich um die vier Umgänge dieses Kreuzganges.

Cluny III

Schon nach einem Jahrhundert erwies sich das neue Kloster wieder als zu klein, um die ständig wachsende Klostergemeinschaft aufzunehmen. Während der Regierungszeit Abt Hugos (1049-1109), des Nachfolgers von Abt Odilo, erreicht die Abtei ihren Höhepunkt. Papst Gregor VII. sagt im Jahre 1177 ohne Zögern von ihr, sie strahle unter allen Klöstern jenseits der Alpen am allerhellsten. Die Abtei sollte sich ihres Rufes und ihrer Rolle innerhalb der Christenheit würdig erweisen. Dafür setzte sich jedenfalls ein baubesessener Abt ein, der bereits in Souvigny eine Probe seines Könnens abgegeben hatte.

Die Bauarbeiten begannen mit den am dringlichsten für die Mönche benötigten Gebäuden: Hospiz und Stallungen, Gästetrakt, Refektorium mit Wärmeraum, Krankenstuben

und der 1085 geweihten Kapelle der hl. Jungfrau. Das meiste davon ist heute nicht mehr vorhanden, mit Ausnahme der als Stallungen des Abtes Hugo bezeichneten Gebäude und des im Zuge von Baumaßnahmen im 18. Jahrhundert völlig umgestalteten Gästetraktes.

Nachdem diese erste Aufgabe abgeschlossen war, konnte Abt Hugo den Bau einer neuen Kirche (Cluny III) beginnen, groß genug um 250 Mönche und zusätzlich noch zahlreiche Gläubige zu fassen. Quellen erlauben es, den Gang der Arbeiten nachzuvollziehen, Erkenntnisse, die durch die Analyse der erhaltenen Bausubstanz gesichert werden.

Das genaue Datum, zu dem der heilig gesprochene Abt das Konzept entwarf, ist unbekannt. Nachdem es feststand mußte die Baustelle für die Errichtung eines Gebäudes eingerichtet werden, das die Dimensionen bisher ausgeführter Bauten beträchtlich überschritt (187 m Länge). Es brauchte Zeit, um Steinbrüche anzulegen, Gerüstholz heranzuschaffen, Bauarbeiter zu rekrutieren, für die Lebensunterhalt und Wohnung bereit zu stellen waren, schließlich die Fundamentierung durchzuführen, die an manchen Stellen Grabungen bis zu einer Tiefe von vier Metern nötig machte.

Der Bau selbst wurde, wie uns ein Dokument sagt, am 25. Oktober 1088 begonnen. Daher konnte Papst Urban II. auf seiner Reise nach Frankreich im Jahre 1095 erst den Hauptaltar und den Altar für die Frühmette, und Prälaten seines Gefolges drei Nebenaltäre weihen. In den vergangenen sieben Jahren hatte der Bau nur wenig Fortschritte gemacht. Am 25. Oktober 1130 weihte Papst Innozenz II. schließlich die Kirche.

In der Zwischenzeit hatten die Mönche im Jahre 1120 den Chor der neuen Abteikirche in Besitz nehmen können. Sie gaben ihrer Begeisterung darüber Ausdruck, endlich dem Gefängnis von Cluny II entronnen zu sein. Abt Hugo war bereits seit langem gestorben (1109) und sein Nachfolger Pons de Melgueil (1109-1122) leitete die Zeremonie. Kurz darauf beschloß er, das Langhaus sowie das Querhaus von Cluny II abreißen zu lassen, um das Kloster nach Norden zu vergrößern.

Pons, der sehr prachtliebend war, mußte bald die ihm verliehene Würde aufgeben und ins Heilige Land ziehen. Petrus Venerabilis wurde nach einer nur dreimonatigen Regierungszeit des Abtes Hugo II. von Semur im August 1122 zum neuen Abt ernannt.

Petrus Venerabilis brachte zuerst die von Pons ruinierten Klosterfinanzen in Ordnung, bevor die noch immer unbeendeten Arbeiten am Schiff weitergeführt wurden. Ein Unglück im Jahre 1125 verzögerte die Arbeiten. Ein erst kürzlich fertiggestelltes Gewölbe stürzte ein. Gleichzeitig versuchte der alte Abt Pons die Abtei mit Gewalt wieder in seine Hände zu bringen.

Das Gebäude war am 25. Oktober 1130 im Wesentlichen vollendet, als der Papst die den Aposteln Petrus und Paulus gewidmete Abteikirche weihte. Zwei Jahre später konnte Petrus Venerabilis das Generalkapitel der dem Cluniazensischen Orden unterstellten Mönche zusammenrufen. Zwölfhundertundzwölf Mönche bildeten die Prozession, die das Gebäude durchschritt. Die Arbeiten am Narthex waren jedoch noch nicht abgeschlossen, und wir müssen bis zum 13. Jahrhundert warten, ehe das Kreuzrippengewölbe seinen Abschluß bilden und bis zum Jahre 1230 ehe das Portal zwischen den beiden « Barabans » genannten Türmen errichtet sein wird.

Es hatte also mehr als 150 Jahre gedauert bis sich der Traum des Abtes Hugo vollständig erfüllt hatte. Im Verlauf dieses langen Zeitraumes erfährt der ursprüngliche Bauplan, wie das häufig geschieht, wenn die Arbeiten sich in die Zeit hinein verlängern, eine gewisse Anzahl von Veränderungen, von denen sich einige noch heute an den faszinierenden Resten der Abteikirche ablesen lassen.

Das Ende des Mittelalters

Die ungeheure Anstrengung zweier Jahrhunderte, die Cluny verändert und in eine für die gesamte Christenheit vorbildliche Abtei ver-

Im Laufe der zweiten Hälfte des 15. Jahrh. baute Abt Jean de Bourbon auf dem Südende des kleinen Querhauses eine in ihrer inneren Anlage einzigartige Kapelle. Zwischen einem schmucklosen Sockel und der Fensterebene sah der Baumeister hohe Nischen für die Aufstellung niemals ausgeführter Apostelfiguren vor.

Auf den folgenden Seiten :
Die Klostergebäude sind in der Mitte des 18. Jahrh. in strengem Stil rekonstruiert worden, der nicht der Größe entbehrt. In der Mitte des dreigliedrigen Westflügels ein sehr schöner Risalit.

wandelt hatte, konnte nicht ewig andauern. Im Vergleich zu den früheren Arbeiten scheinen die späteren von minderer Bedeutung.

Abt Thibaut de Vermandois (1179-1186) schützte Stadt und Abtei durch den Bau einer Ringmauer. Im 13. Jahrhundert ließen die Äbte Yves I. (1257-1275) und Yves II. (1275-1289) Kornspeicher und Mühlen errichten. Im 14. Jahrhundert ließ Pierre de Chastellux (1322-1344) die Kapelle Saint-Martial umbauen, die sich zum südlichen Arm des großen Querhauses öffnet. Im 15. Jahrhundert erbaute Jean de Bourbon (1456-1480) im südlichen Arm des kleinen Querhauses die seinen Namen tragende Kapelle, sowie ein neues Abtlogis, das später das Museum Ochier aufnehmen wird. Sein Nachfolger, Jacques d'Amboise (1485-1510) erweiterte es durch ein zweites Palais, das heutige Rathaus.

Die Kommende
Das 18. Jahrhundert

Das durch Konkordat von 1516 angenommene System der Kommende gab dem Französischen König das Recht, die Äbte zu ernennen. Angesichts falscher Personalentscheidungen erwies sich dies als verheerend. Im 16. Jahrhunder richtete die Konfrontation zwischen Katholiken und Protestanten großen Schaden an. Im 17. Jahrhundert lösten sich Richelieu, der Prinz von Conti, Mazarin, Renaud d'Este, der Kardinal von Bouillon als Kommendataräbte von Cluny ab, ohne in der Baugeschichte Spuren zu hinterlassen.

Nur der letztere gab bei Pierre Legros zum Gedenken an seine Eltern ein Grabmonument von außergewöhnlicher Schönheit in Auftrag, dessen Aufstellung Ludwig XIV. im Jahre 1711 untersagte. Die heimatlosen Teile werden heute in der Kapelle des Krankenhauses aufbewahrt.

Das 18. Jahrhundert ist durch eine neue Periode intensiver Arbeiten gekennzeichnet. Unter der Regierung des Abtes Frédéric-Jérôme de la Rochefoucauld nahm sich der Prior **Dom Dathoze** des Umbaus der Klostergebäude an.

Die im Jahre 1766 durch die Staatsgewalt geschaffene Kommission für die Ordensmitglieder setzte dieser letzten Bemühung ein Ende. Im Jahre 1787 wird die alte Ordensregel von Cluny abgeschafft und der eingeschränkte Orden verliert drei Klöster.

Die Französische Revolution machte schließlich das Werk vieler Jahrhunderte zunichte. Einen Augenblick lang schien wenigstens die Abteikirche gerettet, als die Rede davon war, sie in eine Gemeindekirche zu verwandeln. Ende des Jahres 1793 zerschlugen Soldaten der Revolutionsarmee die Statuen des Narthex und die Inneneinrichtung. Das Blei der Dächer wurde herausgerissen, und Regenwasser konnte das Zerstörungswerk fortsetzen. Im Jahre 1798 trat ein Kaufmann aus Mâcon als Käufer der Gesamtanlage auf, um die Gebäude der Spitzhacke auszuliefern. Mehrfach hatte die Gemeinde von Cluny vergeblich versucht, die Kirche zurückzukaufen. Im Jahre 1801/1802 wurde eine Straße mitten durch das Langhaus gelegt. Im Jahre 1811 wurden die Chortürme, die Tours des Lampes und die Tours des Bisans gesprengt. Das Zerstörungswerk wurde bis 1823 fortgesetzt.

Die Beschreibung Clunys muß sich sowohl auf die noch erhaltenen Bauwerke stützen wie auf bildliche Zeugnisse aus der Zeit vor oder kurz nach der Zerstörung, darüber hinaus auf Modelle, die wenig später entstanden: sie erleichtern die Lektüre und das Verständnis. Es sind allerdings viele Gebäude noch in wesentlichen Teilen erhalten, sie verdienen jede Aufmerksamkeit.

So ist die steinerne Ringmauer, die sich schützend um die Abtei zog, ein außergewöhnliches Zeugnis. Man betrat das Kloster durch das im zweiten Viertel des 12. Jahrhunderts errichtete Haupttor (1) im Westen. Es ist von der Antike inspiriert und erinnert in seinem Gesamteindruck an die Porte d'Arroux in Autun. Die spät vollendete Mauer des Rings — zweite Hälfte des 13. Jahrhunderts — ist in großen Teilen noch erhalten. Sie wird von zahlreichen Türmen unterbrochen, die in verschiedenen Epochen errichtet oder umgebaut wurden: die Tour Fabry (2), der Runde Turm (3), der Mühlenturm (4), und der Käseturm aus dem Ende des 12. Jahrhunderts. Die beiden letzteren mit quadratischem, bzw. rechteckigem Grundriß.

Im Inneren der Ringmauer, jedoch außerhalb der alten Klausur haben sich drei Gebäude von außergewöhnlicher Bedeutung erhalten. Die von Abt Hugo errichteten Stallungen (8) im Süden der Abteikirche waren ursprünglich Gästehaus, mit Pferdeställen zu ebener Erde und den Schlafräumen im Obergeschoß. Der ursprüngliche Eindruck läßt sich an der Südwand gewinnen: mit dem Hammer in der Art der frühen romanischen Technik behauener Stein, ein hervorkragendes Kranzgesims, das von volutenförmigen Konsolen getragen wird, sehr einfache Öffnungen mit Blendarkaden im Giebel. Der Dachstuhl darüber ist ein interessantes Zeugnis für die Verbindungstechnik dieser Zeit.

Das Palais Jean de Bourbon (6)

Zu Anfang war, gotischer Architekturvorstellung entsprechend, ein Bau mit einem rechtwinkligen Vorsprung geplant, der an ein rechteckiges Gebäude anschloß. Sehr schlicht, in regelmäßigen Abständen durch Fensteröffnungen gegliedert. Die Kamine im Inneren bezeugen die neue Neigung für Komfort.

In diesem Bau ist das Museum Ochier untergebracht, das Fragmente von Skulpturen und Malereien aus der alten Abteikirche ausstellt. Unter ihnen einige Details aus dem Westportal und die wenigen Fragmente von Malereien aus den Halbkuppeln der Nebenabsiden. Ein nachrevolutionäres Modell vermittelt eine Vorstellung davon, wie Kloster und Abteikirche früher einmal ausgesehen haben.

Das Palais Jacques d'Amboise

Dieser prachtliebende Abt von Cluny gehört einer Familie an, die zu Beginn des 16. Jahrhunderts eine nicht unerhebliche Rolle bei der Durchsetzung der neuen Kunst gespielt hat. Berühmter ist sein Bruder Georges, dem der Umbau der Schlosses Gaillon in der Normandie zu verdanken ist. In seinem Logis manifestiert Jacques eine noch traditionalistisch gemäßigte Vorliebe für die Renaissance. So ließ er auf den beiden rechtwinkligen Pavillons über spätgotischem Maßwerk von Blendfenstern Alabasterplatten anbringen, deren Dekor die italienische Herkunft verrät.

Die Abteikirche

Die den Aposteln Petrus und Paulus geweihte Abteikirche ist zwischen 1080 und 1230 und damit während der großen Architekturbewegung des letzten Drittels des 11. Jahrhunderts erbaut worden. Diese Periode brachte in Frankreich Baudenkmäler hervor, die einzigartig sind wegen ihrer ungeheuren Dimensionen, ihrer Chorumgänge mit den Kapellenkränzen und vor allem wegen der Kühnheit ihrer die großen Schiffe überspannenden steinernen Gewölbe. Sie ist zur selben Zeit entstanden wie Saint-Sernin in Toulouse, Sainte-Foy in Conques, Saint Martial in Limoges, Saint Martin in Tours und Saint-Benoît-sur-Loire, ohne daß man sagen könnte, welcher Baumeister als erster den Mut besaß, sich an Konstruktionen zu wagen, die bewußt mit der früheren romanischen Baukunst brachen. Das Vorhaben läßt sich nicht ohne den engen Gleichklang zweier ungewöhnlicher Männer vorstellen: Abt Hugo und der Baumeister vereinten ihre Kräfte, um einen Kirchenbau zu planen, der bis zur Errichtung des Petersdomes in Rom im 16. Jahrhundert der größte der Christenheit bleiben sollte. Wie häufig in Augenblicken intensiver Suche und folglich des Fortschritts, erfuhr der ursprüngliche Entwurf im Lauf der Arbeiten erhebliche Veränderungen. Sie lassen sich noch an den einzigartigen Ruinen ablesen, die erhalten geblieben sind.

Das ziemlich grobe Mauerwerk des kleinen Querhauses erinnert an das der Stallungen des Abtes Hugo und damit an die traditionelle Technik des Zurichtens von Stein mit dem Hammer in der frühen romanischen Kunst. Es steht natürlich in Gegensatz zu den wunderschön zugerichteten und gekrönelten oberen Partien des großen Querhauses. Diese mit fortschreitendem Bau erworbene Meister-

schaft erklärt auch die unterschiedliche Höhe der Gewölbe: im südlichen Joch des großen Querhauses hat der Baumeister das Gewölbe auf 25 m Höhe gebracht, während er mit dem nächstfolgenden Joch bereits 5 m höher geht.

Der Bauplan

Es spricht viel dafür, daß der Grundriß des Gebäudes, so wie es vor der Revolution aussah, dem gegen Ende des 11. Jahrhunderts beschlossenen Bauplan entsprach. Die Abteikirche war 187 m lang und von West nach Ost folgendermaßen gegliedert:
— Die von zwei Türmen, den « Barabans », eingerahmte Fassade;
— der dreischiffige Narthex mit fünf Jochen;
— das fünfschiffige Langhaus mit 11 Jochen, das von einem langen Querhaus unterteilt wird;
— das große Querhaus, dessen Arme jeweils zwei Apsiden trugen,
— der Chor mit zwei Jochen, an den sich ein zweites, kleines Querhaus anschließt, das auf jedem Arm eine Nebenapsis aufweist. Der Chor endet in einem einfachen Chorumgang mit einem Kranz von fünf Kapellen.

Von diesem großartigen Ensemble sind lediglich erhalten:

— Die beiden « Barabans » genannten Türme (9), deren Bekrönung abgetragen wurde;
— die erst kürzlich freigelegte Südmauer des Narthex (10);
— der südliche Arm des großen Querhauses (11), das sich von weitem durch die Tour de l'Eau Bénite im Norden und die Tour de l'horloge im Süden bemerkbar macht;
— die Nebenapsis des südlichen Armes des kleinen Querhauses (12);
— die Kapelle Jean de Bourbon (13).

Die übrige Kirche ist in der Revolutionszeit zerstört worden. Reste befinden sich im Westen unter der gegenwärtigen rue K.J. Conant und dem Hôtel de Bourgogne, im Osten unter landwirtschaflichem Gelände.

Von der ehemaligen Kirche ist also lediglich ein Zehntel erhalten geblieben. Das Wenige bringt jedoch bereits Adel und Größe zum Ausdruck und erregt Bewunderung.

Die Fassade

Zwischen den beiden « Barabans », die ihre Bekrönung verloren haben, wurde gegen 1230 ein Portal errichtet. Von ihm ist nur der linke Pfeiler übriggeblieben. Ursprünglich war das Portal mit einer Reihe von Statuen geschmückt.

Der Narthex entspricht mehreren Bauabschnitten: die Seitenschiffe wiesen Kreuzrippengewölbe auf, während das Zentralschiff ein Spitztonnengewölbe besaß, dessen Schub durch vorgesetzte viertelkreisförmige Strebebögen abgeleitet wurde. Nur die südliche Mauer ist stehen geblieben.

Das 1810 abgebrochene Portal ist sehr wenig bekannt. Einige Fragmente besitzt das Ochier-Museum. Der Tympanon trug als Schmuck einen thronenden Christus in einer von Engeln gehaltenen und mit Symbolen des Evangeliums umgebenen Mandorla. Auf dem Sims befanden sich die Apostel.

Oberes Foto:
Am Ende des 15. Jahrh. errichtete Abt Jacques d'Amboise ein Abtlogis, das heutige Rathaus. Das gotische Maßwerk der Blendfenstery verbindet sich durch die Verwendung elaborierter Alabasterplatten mit der Ästhetik der Renaissance.

Unteres Foto:
Das Obergeschoß des nördlichen Jochs des großen Querhauses weist kunstvolle Zurichtung des Mauerwerks auf. Sein kunstvoller Mauerschmuck — kannelierte Pilaster, Kapitelle und Pässe rund um die Blendfenster — verrät antiken Einfluß.

Auf den folgenden Seiten:
Das Gewölbe des großen Querhauses besizt drei unterschiedliche Höhen, im Süden (rechts) erhebt sich das Spitztonnengewölbe auf 24,89 m, die Zentralkuppel auf 31,55 m und das Gewölbe im Norden auf 30 m.

Das Langhaus mit 11 Jochen war 68 m lang und dreigeschossig gegliedert: große, hohe spitzbogige Arkaden, mit Gurtbögen zwischen den Gradgewölben, vorgeblendete Arkaden und hohe Fenster. Das Zentralschiff besaß ein Gewölbe, wahrscheinlich ein von Gurtbögen unterstütztes Spitztonnengewölbe. Die Abteikirche von Paray-le-Monial beruht auf einem ganz ähnlichen, wenn auch in den Dimensionen bescheideneren Konzept.

Das große Querhaus, von dem nur noch der südliche Arm erhalten ist, war in der Vierung von einer ungeheueren Kuppel überwölbt, die eine Höhe von bis zu 40 m aufwies. Der Übergang von dem durch Säulen definierten Viereck in den Kreisbogen wurde über Kuppelzwickel (Pendentive) erreicht. Der nördliche Arm unterschied sich durch die starke Betonung seiner Öffnungen erheblich vom südlichen. Der südliche Arm wirkt demgegenüber in seiner schönen Strenge viel herber, besonders von außen. Das Innere wirkt durch die Schönheit des Bauvolumens. Die Wände im Süden mit ihrer kleinquadrigen Mauerung stehen in Gegensatz zu den kunstvollen Verfugungen im Norden. Die vor die Mauern gesetzten Stützen betonen die Vertikale. Die streng geschnittenen Fensteröffnungen geben ein schönes, das ganze Gebäude erfassendes Licht.

Der Höhenunterschied der drei Gewölbe verstärkt diesen Eindruck: 25 m im südlichen Joch, 30 m Höhe für die von Trompen getragene Kuppel, und 31,55 m in nördlichen Joch. Dieser Höhenunterschied findet seine Entsprechung im architektonischen Gesamtkonzept. Das südliche Joch ist zweigeschossig, das nördliche Joch, wie auch das Mittelschiff hingegen dreigeschossig. Im letzteren ist der Schmuck sehr viel reicher: die Blendarkaden sind mit Pässen dekoriert und durch kannelierte Pilaster voneinander getrennt. Diese Unterschiede belegen hinreichend, daß der

Baumeister ursprünglich ein weniger kühnes Bauwerk geplant hatte: die schwachen Mauern sollten kein Gewölbe tragen, sondern eine weniger schwere Holzdecke. Beim zweiten Mal wagte der Baumeister im südlichen Joch bereits ein 25 m hohes Steingewölbe und wieder später zögerte er nicht, im Norden dieses Gewölbe noch einmal zu erhöhen. Folgerichtig nahm er die dreigeschossige Gliederung in sein Konzept auf.

Der Bau des Chores, der später erfolgte als der des großen Querhauses, fällt in diesen dritten Bauabschnitt. Die Bilddokumente bezeugen es bereits, und die südliche Nebenapsis des kleinen Querhauses bestätigt es durch die Qualität ihres Außenschmucks. Die Chorapsis von Cluny III war zweifellos eines der Meisterwerke romanischer Baukunst. Die Höhe baut sich gestaffelt auf, das jeweils niedrigere Geschoß tritt zurück: die fünf halbrunden Kapellen des Kranzes, die das Halbrund des Umgangs beherrschen; der gleichfalls halbrunde und stark durchbrochene Chor; schließlich der durch eine große Öffnung durchbrochene Giebel des östlichen Jochs. Dieser bereits starke Eindruck wurde durch die fünf Türme vervollständigt, die das Großartige des umbauten Raumes akzentuierten: der Vierungsturm des großen Querhauses, die Tour des Lampes über der Vierung des kleinen Querhauses, eingerahmt durch die Tour de l'Eau Bénite im Süden und durch die Tour des Bisans im Norden.

Das Modell von Geugnon, das im Museum Farinier aufbewahrt wird, macht diese Konstruktion verständlich. Heute existieren von diesem außergewöhnlichen Ensemble nur noch die im Farinier aufgestellten Kapitelle, die ursprünglich die Säulen — sechs von ihnen aus Marmor — des Halbrunds krönten.

Die Chronologie der Bauarbeiten läßt sich wie folgt zusammenfassen: Der Plan ist aller Wahrscheinlichkeit nach der von Abt Hugo im

Oberes Foto :
Von diesem architektonischen Gesamtkunstwerk ist heute nur noch der südliche Teil des großen Querhauses erhalten. Es wird überragt von der Tour de l'Eau Bénite und dem Uhrentum daneben. Während der untere Teil aus kleinen Bruchsteinen einfach aufgemauert ist, wurden im Turm große, kunstvoll zugerichtete Quader verwendet.

Unteres Foto :
Der hohe Saal des Farinier diente lange als Kornspeicher. So erklärt sich dieser immense stützenlose Raum, den eine riesige Dachkonstruktion mit Segmentbogensparren bei einer Spannweite von 12 m ohne Tragwerk überwölbt. In der Südost-Ecke konnte das Getreide über eine Steinrinne in den Mühlenturm geleitet werden.

Jahre 1088 ausgearbeitete. Der Bau wurde mit dem südlichen Arm des großen Querhauses als zweigeschossiges Gebäude mit flacher Holzdecke begonnen. Sehr bald wurde beschlossen, sie durch ein Gewölbe zu ersetzen, das auf vorgesetzten Stützen aufruhte. Kurz vor 1120, als die Mönche den Chor in Besitz nahmen, erfolgte ein neuer Eingriff in den Plan: das Gebäude wurde dreigeschossig. Die Arbeiten waren inzwischen bis zum Chor fortgeschritten, dessen Ausführung der neuen Planung folgte. Im Jahre 1130, bei der Feier der Weihe, war das Bauwerk fast vollendet. Das Mittelschiff des Narthex erhielt sein Gewölbe erst zu Beginn des 13. Jahrhunderts, und um 1230 wurde das Westportal errichtet.

Auch danach hat es noch wichtige Änderungen gegeben, die jedoch wegen der Zerstörung des Bauwerks manchmal nicht ganz einfach festzustellen sind. Erhalten ist auf dem südlichen Arm des großen Querhauses die Kapelle Saint-Martial, die auf den Beginn des 14. Jahrhunderts zurückgeht, sowie auf dem Arm des kleinen Querhauses die Kapelle Jean de Bourbon aus der zweiten Hälfte des 15. Jahrhunderts. Letztere ist ein schönes Beispiel gotischer Architektur von großer Strenge in der Linienführung und viel Phantasie im Entwurf der Fensteröffnungen und der Baldachine über den Statuen. Die Konsolen, welche die Propheten darstellen, waren für Statuen der Evangelisten und der Apostel vorgesehen, die aber wahrscheinlich nie ausgeführt wurden.

Die Gebäude innerhalb der Klausur

Die Klostergebäude befanden sich im Süden der Abteikirche. Man betrat sie durch die Fassade des Papstes Gelasius, der sich in Cluny aufhielt und hier 1119 starb. Diese Fassade ist im Laufe der Zeiten erheblich umgestaltet worden. Der untere Teil ist eine Rekonstruktion von 1873; hingegen ist das Obergeschoß mit seinen 18 gotischen Fenstern ein Werk des Abtes Pierre de Colombiers (1295-1308)

Im Mittelalter bildeten die Gebäude ein unübersichtliches Durcheinander, in welches das 18. Jahrhundert Ordnung bringen wollte. Der Abt de La Rochefoucauld und der Prior Dom Dathoze machten es sich um die Mitte des 18. Jahrhunderts zur Aufgabe, das Kloster nach einem regelmäßigen Plan umzubauen: die verschiedenen Baukörper sollten einen weiten Kreuzgang umgeben. Er ist wunderschön in den Dimensionen wie auch in der Strenge der Architektur. Arkaden mit weiten Rundbögen öffnen sich auf Galerien mit Kreuzgratgewölben. Die Beherrschung der Technik zeigt sich vor allem in der Ausführung der Treppen. Besonders bemerkenswert ist die über einhüftige Korbbogen geführte Treppe im Nord-Osten. Der Durchgang vom Kreuzgang zu den Gärten zwischen den beiden Baukörpern des Ostflügels der Klostergebäude hindurch erfolgt durch einen sehr schönen Flur. Reich gegliedert ist die den Gärten zugewandte Ostfassade. In der Mitte ein kaum aus der Flucht der beiden Flügel hervortretender dreigeschos-

siger Risalit mit hohen Fenstern, der durch ein Frontispiz gekrönt wird. Die Mitte wird durch einen Balkon mit kunstvollem schmiedeeisernen Geländer betont.

Im Südosten blieb der ursprünglich 56 m lange Farinier erhalten. Er wurde bereits im 18. Jahrhundert um 36 m Länge verkürzt. Geplant hatte die Kornhalle Abt Yves (1257-1275), mit Zellen im Erdgeschoß und einem Getreidespeicher im Obergeschoß. Der außen strenge Nutzbau überrascht im Inneren durch die Schönheit der beiden übereinander angeordneten Räume. Im Erdgeschoß stützen achteckige Säulen in der Mitte die Kreuzrippengewölbe. Das Obergeschoß kommt dank einer Dachkonstruktion ohne Tragwerk mit Segmentbogensparren völlig ohne Stütze über eine Spannweite von 12 m aus.

Im Inneren hat man einen Teil der reichen Bestände des Museums der Stadt Cluny untergebracht, etwa das von der Fassade des Papstes Gelasius oder aus der Abteikirche stammende Portal des 17. Jahrhunderts. Dort befindet sich auch das 1855 von dem Schuster Geugnon angefertigte, sehr aufschlußreiche Modell. Es ist im Großen und Ganzen getreu.

Zweifellos gebührt den aus der Abteikirche stammenden Skulpturen die ganze Aufmerksamkeit: dem Altar und den Kapitellen. Der Marmortisch mit seinen außergewöhnlichen

Maßen (2,09 x 1,38) ist wahrscheinlich der, den Papst Urban II. im Jahre 1095 geweiht hat. Das Material stammt aus den Pyrennäen. Ein traditionelles Wabenmotiv schmückt ihn. Seine Aufstellung erlaubt, sich den Chor der Abteikirche mit der Ehrenwache der acht hierher gebrachten Kapitelle vorzustellen, die früher die Marmorsäulen des Altarraumes krönten.

Datierung und Ikonographie dieser acht Kapitelle werfen zahlreiche Probleme auf, die noch nicht alle gelöst sind. Die Kontroverse hat um so mehr Bedeutung, als es sich unstreitig um eines der Meisterwerke der romanischen Skulptur handelt. Die Datierung ergibt sich aus der Architektur, da die acht Kapitelle aus dem Chor nicht viel früher als 1120 entstanden sein können. Zu diesem Zeitpunkt wurde dieser Teil der Kirche vollendet, etwa zwischen 1110 und 1120. Das Interpretationsproblem der Ikonographie hat seinen Grund in einer Unstimmigkeit zwischen den eingravierten oder gemalten Inschriften und den dargestellten Szenen. Es hat den Anschein, als ob das Konzept des Abtes Hugo bei seiner Ausführung zwanzig Jahre später bereits nicht mehr verstanden wurde. Ihm ging es darum, vier Figuren auf dem Kelch des Kapitells miteinander in Beziehung zu setzen: die vier Winde (No.4), die Flüsse des Paradieses (No.6), die acht Töne des gregorianischen Gesangs (No.7 und 8). Dieselbe Aufgabe stellte sich bei den drei übrigen Kapitellen: den vier Jahreszeiten, den vier Kardinaltugenden. Das erste Kapitell hat keine bildliche Darstellung.

Der Stil der Kapitelle

Wenn der Sinn der Ikonographie dieser Kapitelle uns auch zu einem großen Teil verborgen bleibt, ihr Platz in der Geschichte der romanischen Skulptur in Burgund kann bestimmt werden.

Der Bildhauer, der die acht Kapitelle schuf — der Einfachheit halber wird nicht auf seinen Mitarbeiter Bezug genommen, da sich dessen Anteil schwer ermitteln läßt — war eines jener Genies, unter dessen Händen der Stein zum Leben erwacht.

Seine Meisterschaft manifestiert sich, wenn er seine Figuren frei über den Kelch verteilt (6.). Bei dreien (4., 5. und 7.) lenkt er die Aufmerksamkeit auf die Gestalten, indem er sie in Medaillons in Form einer Mandorla oder eines Sechsecks setzt. Der tief herausgehauene Hintergrund erzeugt Schatten, welche die plastische Schönheit der Figuren betonen. Dabei war es sehr kühn, der definierten Form des Kelches zusätzlich einem Rahmen aufzusetzen, der ihr zu widersprechen scheint. In Cluny ist dies gelungen, während das Wagnis in Vézelay gescheitert ist, wo ein weniger begnadeter Schüler den Meister zu getreulich kopieren wollte.

Die meisten Gestalten sind in Bewegung dargestellt. Die Stehenden neigen den Kopf, beugen sich vor oder zur Seite, wenden sich um oder deuten sogar wie die Figur mit den Schellen (7) einen Tanzschritt an. Anderswo sitzen sie (3 und 8) in ebenso bewegter Haltung. Der Bildhauer scheint zu schwanken zwischen dem Wunsch, einen strengen Rahmen zu setzen und der Neigung, ihn durch die Bewegung der Figuren, die Leben und Fülle sind, wieder zu sprengen.

Die Gesichter sind sich ziemlich gleich: kantige Backenknochen betonen das Kinn, der geschlossenen Mund ist klein, die Nase pronConciert. Die Augen sind in einer aus der Antike übernommenen Technik trepaniert.

Eines der auffälligsten Merkmale, die man bei anderen, von Cluny beeinflußten Bildhauern wiederfinden wird, ist die Behandlung der Gewänder. Sie schmiegen sich dem Körper an oder scheinen von heftigem Wind gebauscht. Die Falten wölben sich in einer für Cluny zur Handschrift gewordenen Stereotype nach außen und betonen den Faltenbruch. Hinzu kommt eine außerordentlich feine Ober-

Ursprünglich war der Farinier 56 m lang. Er wurde im 18. Jahrh. um 20 m verkürzt. Abt Yves I. (1257-1275) errichtete den Nutzbau. Trotzdem gelang dem Baumeister im Erdgeschoß ein sehr schöner Raum mit Kreuzrippengewölbe auf achteckigen Stützen.

flächenbearbeitung, die dem Stein einen marmorähnlichen Glanz verleiht.

Dem «Meister von Cluny» ist es mit seinem, den größten Meistern ebenbürtigen Talent gelungen, die ihm vorgegebenen komplexen Themen in Stein zu übertragen, obwohl deren Bedeutung ihm, wie auch uns, teilweise verschlossen blieb.

Er verstand es, ihnen einen Hauch von Zärtlichkeit einzuflößen, durch welche sich die Symbole in Gesten des täglichen Lebens verwandelten.

Nach der Vollendung seines großartigen und lebensvollen Werkes wurde der «Meister von Cluny» zu einem anderen großen Bau gerufen. Ihm verdanken wir den schönsten Tympanon des romanischen Burgund vor dem Langhaus in Vézelay. Er überließ sich ganz seiner Kreativität und schuf ein erschütterndes Stück Leben.

Den späteren Weg des «Meisters von Cluny» kennen wir, hingegen wissen wir nichts über seine Herkunft. Keine noch so gute burgundische Skulptur aus der Zeit vor Cluny läßt diese plötzliche Blüte vorausahnen. Er scheint übrigens nicht mehr an die Bauhütte von Cluny zurückgekehrt zu sein.

Die wenigen im Museum Ochier oder anderwärts gezeigten Fragmente des Westportals zeigen deutlich seinen Stil, nicht aber seine Handschrift: die runde Kopfform mit wenig betonten Gesichtszügen, geschlossene Lippen und hohle Pupillen, in der Mitte gescheitelte Haare. Diese vom «Meister von Cluny» verwendeten Charakteristika werden hier jedoch übertrieben: das Auge ist zu hohl, die Lider sind zu groß, der Augenschnitt zu gleichmäßig und der Faltenwurf zu phantasielos. Als Abt Petrus Venerabilis gegen 1130 beschloß, das Portal errichten zu lassen, beauftragte er einen Bildhauer, der zwar im Sinne des Meisters, nicht aber mit seinem Talent arbeitete.

Mit dem Künstler **Gislebertus,** der in Autun ein Werk schuf, in dem poetische Vision und Lyrik verschmelzen, sollte im Übrigen wenig später, im Jahre 1135, ein neuer aufregender Abschnitt in der Kunst beginnen. Die burgundische Skulptur ist durch ihn stark geprägt worden.

Die Kapitelle

1. Kapitell

Mit seinem drei Reihen Palmetten, die den Kelch umspannen und in Voluten übergehen, ist das Kapitell korinthisch beeinflußt. In der Mitte des geschweiften Abakus ist eine Rose angebracht. Man versucht herauszufinden, ob sich ursprünglich unter den Voluten nicht plastische Darstellungen befunden haben, die heute verschwunden sind.

2. Kapitell

Dem ersten in der Bearbeitung des Akanthus sehr ähnlich, zeigt es beschädigte Figuren. In den zwei noch existierenden will man einen Diskuswerfer und einen Ringkämpfer erkannt haben. Die erste Figur kann wegen ihres schlechten Erhaltungszustands nicht bestimmt werden. Die zweite, besser erhaltene, trägt eine Art Handschuh, der sich schwer mit einem Ringer in Verbindung bringen läßt.

3. Kapitell

Auch wenn man auf ihm, zu Unrecht übrigens, einen Bienenzüchter hat erkennen wollen, wirft es weniger Probleme auf. Es handelt sich vielmehr um einen der vier Winde: Boreas, Euros, Notos und Zephyros. So stellte man sie in der Antike dar und so findet man sie auch in Vézelay wieder.

4. Kapitell

Die Figuren sind jeweils von einer Mandorla umgeben, in deren Rand eine Inschrift eingraviert ist:

Ver primos flores primos producit odores :
den Frühling soll eine junge Frau in eng anlie-

Zu Beginn des 14. Jahrh. wurde die sich zum großen Querhaus öffnende Kapelle in außergewöhnlich feinem spätgotischen Stil umgebaut. Sie war Saint Martial geweiht.

gendem Gewand darstellen, deren Mantel im Winde weht und die mit beiden Händen ein Buch festhält.

Dat nos... Prudentia quid sit agendum (eine gemalte, schwer entzifferbare Inschrift): die junge Frau, diesmal ohne Mantel, scheint sich an eine zweite Person zu wenden, von der nur noch Spuren erkennbar sind.

Dat cognoscendum Prudentia quid sit agendum: sie ist diesmal mit einem Kettenhemd bekleidet und hält ein Banner.

Vens.. quas decoquit aestas: sie beugt sich aufmerksam über eine Garbe (?).

6. Kapitell

Es wirft kaum Probleme auf. Die vier Flüsse des Paradieses, Pison, Gichon, Tigris und Euphrat werden von den vier Bäumen des Paradieses eingerahmt, Apfelbaum, Feigenbaum, Mandelbaum und Weinstock.

7. Kapitell

Die in Mandorle gravierten Inschriften beziehen sich jeweils auf die Haltung einer Figur.

Hic tonus orditur modulamina musica primus: ein junger Mann spielt die Laute.

Subsequitur ptongus numero vel lege secundus: er tanzt zum Klang der Zimbeln.

Tertius impingit christumque resurgere fingit: er spielt Psalter.

Succedit quartus simulans in carmine planctus: er schüttelt im Tanzschritt die Schellen.

8. Kapitell

Es vervollständigt das vorhergehende Kapitell durch Inschriften, die in eine um den Kelch geschlungene Banderole eingraviert sind.

Ostendit quintus quam sit quisquis tumet imus: eine springende junge Frau.

Si cupris affectum pietati respice sextum: ein junger Mann spielt ein Monochord.

Insinuat flatum cum donis septimus almum: er bläst Posaune.

Octavus sanctos omnes docet esse beatos: das Instrument ist verschwunden.

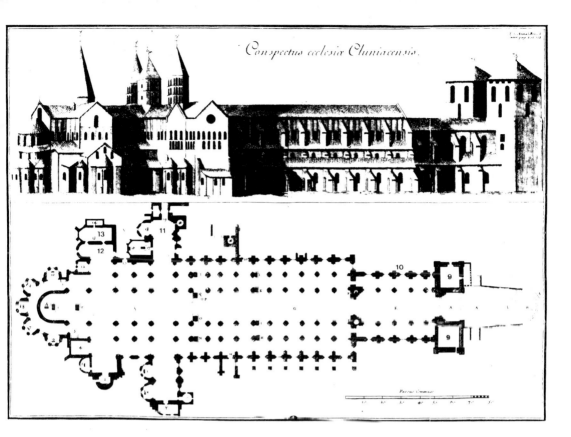

Ansicht und Plan der Abteikirche
Stich von P.F. Giffart, Tafel in den Annales ordinis S. Benedicti von Mabillon, 1713.
Tiefschwarz: Die stehengebliebenen Gebäudeteile.
Schraffiert: Die erhaltenen Reste.

Der Plan

Im Verlauf der Bauzeit wurden Veränderungen vorgenommen, von denen sich einige eindeutig als solche erkennen lassen. Bei dem Plan könnte es sich sehr wohl um den ursprünglichen aus dem Jahre 1088 handeln.

Der Kirche war 187 m lang. Sie läßt sich vom Westen nach Osten in mehrere Baukörper unterteilen:
— die von den beiden Türmen, den Barabans, eingerahmte Fassade;
— der dreischiffige Narthex mit fünf Jochen;
— das fünfschiffige Langhaus mit 11 Jochen, das durch ein langes Querschiff unterteilt wird;
— das große Querschiff, das auf jedem Arm zwei Nebenapsiden trug.
— der sich über zwei Joche erstreckende Chor, unterbrochen durch ein weiteres Querhaus — das kleine — mit einer Nebenapsis auf jedem Arm, endet in einem einfachen Umgang, der sich in einen Kranz mit fünf Kapellen öffnet.

Von diesem großartigen Ensemble sind heute nur noch erhalten:
— die beiden «**Barabans**» genannten Türme (9), deren Bekrönung nicht mehr vorhanden ist,
— die kürzlich freigelegte **Südwand des Narthex** (10);
— der **südliche Arm des großen Querhauses** (11), der schon von weitem durch den Glockenturm, die Tour de l'Eau Bénite, im Norden und den Uhrenturm im Süden ins Auge fällt;
— die **Nebenapsis des südlichen Arms des kleinen Querhauses** (12);
— die **Kapelle Jean de Bourbon** (13).

Das übrige Kirchengebäude ist im Verlauf der Revolution zerstört worden und befindet sich im Westen unter der gegenwärtigen rue K.J. Conant und dem Hotel de Bourgogne und im Osten unter Wiesengelände. Von der Kirche ist heute also nur noch ein Zehntel erhalten. Dieses Zehntel allerdings drückt Adel und Größe aus und erregt Bewunderung.

Auf den folgenden Seiten von links nach rechts und von oben nach unten: Die Kapitelle in der Numerierung von 1-7 sowie das Kapitell mit der Darstellung der Vertreibung Adams und Evas aus dem Paradies; letzteres konnte in der Abteikirche noch nicht mit Sicherheit lokalisiert werden.

Auf Seite 31:
Die Fassade des Papstes Gelasius bildete die Westfront der Klostergebäude. Im Jahre 1873 stark restauriert, ging das klassische Portal in der Mitte verloren. Im Obergeschoß hatte der Baumeister des Abtes Pierre de Colombiers (1295-1308) eine lange Galerie errichtet, die nach Westen durch eine Reihe von Fenstern geöffnet war.

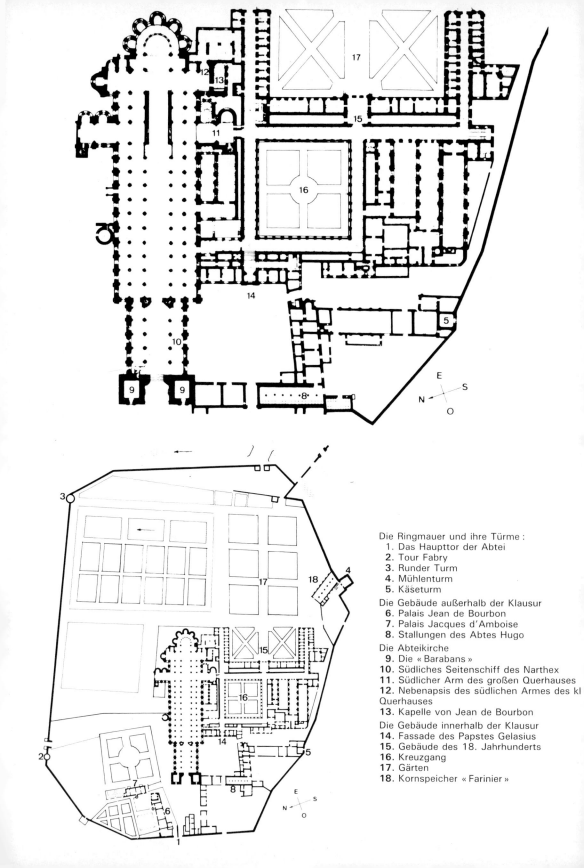

Die Ringmauer und ihre Türme :
1. Das Haupttor der Abtei
2. Tour Fabry
3. Runder Turm
4. Mühlenturm
5. Käseturm

Die Gebäude außerhalb der Klausur
6. Palais Jean de Bourbon
7. Palais Jacques d'Amboise
8. Stallungen des Abtes Hugo

Die Abteikirche
9. Die « Barabans »
10. Südliches Seitenschiff des Narthex
11. Südlicher Arm des großen Querhauses
12. Nebenapsis des südlichen Armes des kl Querhauses
13. Kapelle von Jean de Bourbon

Die Gebäude innerhalb der Klausur
14. Fassade des Papstes Gelasius
15. Gebäude des 18. Jahrhunderts
16. Kreuzgang
17. Gärten
18. Kornspeicher « Farinier »

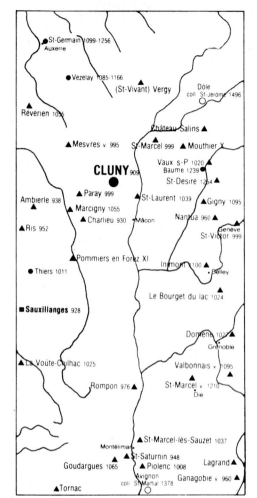

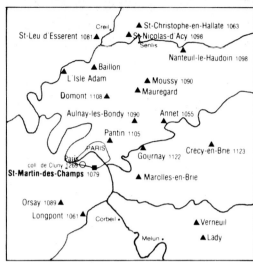

Der Cluniazenserorden im mittelalterlichen Frankreich von 910 bis 1450
Nach Patrice Cousin, Précis d'histoire monastique

- ● *Mutterhaus*
- ■ *Tochterkloster*
- ▲ *Cluniazensisches Priorat*
- ● *Von Cluny übernommene Abtei*
- ● *Wieder selbständig gewordene Abtei*
- ○ *Stadt mit cluniazensischem Kolleg*
- · *Orientierunspunkt*

Titelbild : Blick von Westen, südlicher Arm des großen Querhauses mit der Tour de l'Eau Bénite und rechts dem Glockenturm.

Rückseite :
Die Tour Fabry war Teil der Ringmauer des Klosters. Abt Hugues de Fabry (1350-1351) ließ den unteren Teil des Turms errichten, seine auskragende Bekrönung erhielt er in der Mitte des 15. Jahrhunderts.

FOTONACHWEIS :

Hervé Boulé : Seiten 2, 8, 16-17, 19 unten, 22-23, 25, 31 sowie die Fotos auf dem Titelbild und der Rückseite.
Nicolas Fediaevsky : Seiten 4-5, 10-11, 14, 19 oben, 28-29.

Diese Monographie ist Teil der Reihe Guides-couleur Ouest-France unter der Leitung von Marie-France Alexandre und Lucien Bély für den Bereich Westfrankreich.

© 1989 - Edilarge S.A. - Editions O.-F. — I.S.B.N. 2.7373.0313.3 — Dépôt légal : mai 1989 — 1618.02.05.02.91
Imprimerie Raynard, La Guerche-de-Bretagne